AF513899

Lorbeer Literaturverlag

Coverentwurf: Dietmar Niggeschulze

Dieses Werk einschließlich aller seiner Teile ist urheberrechtlich geschützt. Die Vervielfältigung bedarf der Zustimmung des Verlags.

© Lorbeer Verlag 2013 – 2. Auflage 2017

ISBN 978-3-938969-57-1

GABRIELE FRANKE

MEIN GESCHENK AN DICH
DEIN GESCHENK AN MICH

Lorbeer - Verlag
Bielefeld 2017

Dein Geschenk an mich

Du hast mir Schmerz geschenkt,
das einzige richtige Geschenk – bislang
(von den armenischen Hausschuhen abgesehen)
ohne dass du es wolltest.
Hast ihn mir freizügig überlassen.
Er liegt auf meiner Haut.

Dringt ein in ihre Poren,
verheddert sich im Haar,
das meine Schultern liebkost anstatt deiner.
Kriecht bis zu meiner Kehle, schnürt sie zu.
Ich koste und probiere,
mit trockenen Lippen und nassen Augen.
Ein Geschenk von dem ich lange etwas habe,
das wie ein Gemälde auf ewig an meiner Wand hängt.

Nicht wie eine Wunderkerze,
die in ein paar Sekunden verglüht,
nicht wie ein Stück Schokoladentorte,
das in wenigen Minuten vertilgt.
Kein Konzertbesuch, der in wenigen Stunden vorüber,
kein Wochenende am Meer – zu zweit,
sondern Wochen, Monate, Jahre gemeinsam,
erfüllt von ihm – dem Schmerz.

Deine Hand

Kein Punkt, kein Komma.
Ich hatte es im Gefühl,
was es bedeutet
mich auf dich einzulassen,
deinem Reden zu lauschen.

Wie eine Fliege
hing ich im Netz der Silben,
klebte fest am Wort.
Du wolltest mir nicht weh tun:
"Glaub mir, dir besonders nicht."

Hätte ich gewusst
wie es sich anfühlen kann,
deine Hand zu ergreifen,
niemals hätt' ich sie berührt,
qualvoll sie loszulassen.

Vierjahreszeiten

Deine sanften Berührungen
zwicken wie Sonnenstrahlen
in den großen Zeh.
Dirigieren wie ein Taktstock
das Frühlingskonzert.
Wolkenberge ersticken es.

Meine Gedanken
verströmen ihren Duft
wie die erblühten Rosen.
Farbklekse des Sommers, verdorrt am Stiel.
Ihre Dornen zerreißen mich
bis es blutet.

Deine wohlklingenden Worte
kitzeln den Gaumen
wie süße Früchte.
Rotgoldgelber Herbst.
Überreif fallen sie vom Baum
matschig, braun, wurmstichig und ungenießbar.

Meine Gefühle tanzen
auf Fingerspitzen wie Schneeflocken,
die Schmetterlinge des Winters.
Schmelzen im Sonnenlicht.
Eine Pfütze bleibt und ich
ertrinke darin.

Ohne Dich

Stunden ohne dich
zerrinnen auf meiner Haut –
wie Parfum ohne Duft.

Tage ohne dich
sind Bücher mit leeren Seiten –
blendend, weiß, stumm, still.

Abende ohne dich
reißen in meinem Herzen –
wie Musik ohne Rhythmus.

Nächte ohne dich
hart, kalt und dunkel –
wie Kerzen ohne Docht.

Wochen ohne dich
kratzen auf meiner Seele –
wie Schreibfedern ohne Tinte.

Melancholie

War erfüllt von Glück
wie auf Eisschollen taumelnd
tanzte auf dem Eis

So ganz schwerelos
verliebt in einen Schneemann
puderzuckersüß

Stumm und mit Ruhe
wuchsen Eisblumen empor
warst ganz unsichtbar

Dein Schweigen traf mich
wie lautlose Schneeflocken
hinterließ Spuren

Eiskalt blies der Wind
eingefroren mein Handeln
verschüttet im Schnee

Eiszapfen bohrten
sich wie Schwerter in mein Herz
so völlig lautlos

Tanzte auf dem Eis
umhüllt von deiner Kälte
zum Eisblock erstarrt

Maskerade

Trag eine Maske.
Ein aufgesetztes Lachen
umspielt meinen Mund.

Plauderton en vogue,
tauche ein in den Alltag,
bewundert, gelobt.

Hinter meiner Stirn,
Aufziehpuppenräderwerk.
Funktion fehlerlos.

Fällt die Tür ins Schloss
fallen die Gesichtszüge
vom Gleis ins Leere.

Bodenloser Fall,
schwimme gegen Tränenflut,
Fassade zerbeult.

Theater

Die Leidenschaft wühlt
bei gefallenem Vorhang
auch hinter Masken

Ich schmücke mit ihr
mein Gedankenmuseum
alles Attrappe

Warme Farbpalette
wunderbare Bildersammlung
alles Pappmache

Gedanken prasseln
wie Gesteinsbrocken hinterher
kann sie nicht heben

Manchmal

Manchmal sind Gedanken schal
wie abgestandenes Bier
ohne Schaum, ohne Prickeln

Manchmal sind sie erregend
wie perlender Champagner
hüpfend, phantastisch, gewagt

Manchmal sind sie wie Rotwein
ein Bouquet aus Sinnlichkeit
genussvoll, frech, erotisch

Geschmack

Mir schmecken die Worte aus deinem Mund,
wenn du Komplimente machst.

Wie schmecken dir die Worte, wenn ich sage:
Ich liebe Dich?

Zerfallen sie schon im Ohr,
zerbröseln in deinem Hirn,
sausen Sie durch dich hindurch wie Sturmwind?
Verweilen sie in deinen Gedanken,
lösen sie Reaktionen aus,
in dir, in deinem Körper?
Denkst du manchmal an sie,
regen sie deine Phantasie an,
erzeugen Prickeln und Wärme?

Oder hast du vergessen, dass ich dich liebe?

Schmerz

Sonnenschein bei Nacht,
hab mich betrunken an Dir,
Sternensturm bei Tag.

Verschenkte mein Herz
in all meinen Facetten,
gefühlvoll und bunt.

Liebe verleiht Kraft,
aber sie braucht auch Nahrung.
Ließest mich hungern.

Erstickte im Leid,
tauchte ein ins Tränenmeer,
kalt wie Eiswasser.

Noch nie hat jemand
mir soviel Schmerz bereitet,
fühlt sich an wie Tod.

Ließ sie mir wachsen,
die unsichtbaren Flügel.
Tragen mich davon.

Tränenfluss

Tränen dick und zäh
quetschen, drängeln durch
fest geschlossene Lider

Berühren Wangen,
fließen wie warmer Honig
bis zur Halsgrube

Versammeln sich um
weiter abwärts zu gleiten
den Busen hinab

Zum flachen Bauch
verheddern sich in der Scham
bleich und transparent

Tränenkristalle
katapultieren dein Gift
langsam, heiß, salzig

hinaus

Erinnerung

Mag keine Musik mehr hören
Erinnerung
schlägt mir ins Gesicht
Erinnerung
tritt mir in den Bauch
Erinnerung
springt mir an die Kehle
Erinnerung
verklebt mir den Gaumen
Erinnerung
lähmt mein Handeln
Erinnerung
zerstört meinen Verstand
Erinnerung
fördert Erinnerung
auch lautlos
Dreh das Radio ruhig auf

Kämpfe!

Kannst deine Trauer
nicht mit Worten ausspucken.
Veränder den Ton!

Tränende Augen,
Erinnerungen spuken?
Veränder die Sicht!

Dein Körpergefühl?
Schneebesen rührt im Innern.
Veränder den Sinn!

Gequältes Lachen,
kein Glanz sprüht aus deinem Blick?
Veränder das Tun!

Fühlst dich krank und nackt,
Gedanken ketten dich an?
Veränder den Ort!

Rhetorische Frage

Du fragst „Wie geht’s dir?“
Schon lange vorher habe
ich mich das gefragt.

Du willst die Wahrheit
verdammt sicher nicht wissen.
Du hast doch Verstand?!

Ich steh' neben mir,
machtlos, von den eigenen
Gefühlen zerquetscht.

Mit Gedanken voll,
die gedankenlos machen,
den Stolz zerbrechen.

An ungesagten Worten
verschluckt, erstickt, ertrunken,
nach Atem ringend.

Mein Körper verbrennt
in Gedanken an deinen.
Sag nichts, tu etwas!

Beute

Jäger und Sammler,
ich hätt' es wissen müssen,
horten Trophäen.

Hast mich verleugnet,
niemandem den Blick gewährt
auf deine Beute.

Zu alt? Doch noch schön
mit Verstand und viel Gefühl,
schon Liebe erlebt.

Jedoch unverbraucht,
fast jungfräulich im Vergleich,
und voller Erotik.

Hast du nur gespielt?
Hast mein Herz 'rausgerissen?
Aus Freude daran?

Vermiss Dich sehr

Vermiss Dein Lachen,
die manchmal klugen Worte,
betrachte Dein Bild.

Möchte Dich küssen,
lausche gern Deinen Reden,
möchte Dich streicheln.

Ich denke an Dich,
jeden Tag und jede Nacht.
Ich vermisse Dich sehr.

Mein Parfum

Habe deinen Duft nach Hause getragen
an einem milden Novembermorgen.
Die Vögel trällerten ihre letzten Lieder
bevor die Sonne erwachte.

Auf meiner Haut, wo mich Krümel
in deinem Bett piekstén,
in meinen Haaren, in denen sie sich verfingen.
Vermischte Düfte
aus dir und mir, aus uns

Muss immer an mir schnuppern,
muss riechen, dich einsaugen.
Steh' im Bad, gleich muss ich duschen,
zöger es hinaus solange es geht.

Denn dann bist du weg
und ich bleibe hier
ohne deinen Duft.

Gedanken

Wache morgens auf,
Gedanken in meinem Kopf,
kann sie nicht lenken.

Gedankenfreiheit?
Ohne Einfluss, selbstständig
laufen sie umher.

Eine Schublade!
Beginne mit der Suche,
will sie einschließen.

Rauchig, heiß, schmerzend
steigen die Gedanken auf.
Flammeninferno

Feuersturm wütet,
Seifenblasen zerplatzen,
die Sicht vernebelt.

Kann nicht einschlafen.
Gezeiten der Gedanken
überfluten mich.

Suche einen Ort
zum Ablegen, Einpacken.
Kann ihn nicht finden.

Ruhelos, rastlos
unauffindbares Versteck.
Sie wickeln mich ein.

Grinsen mich frech an
lauter, leiser, monoton.
Ich vermisse dich sehr.

Mantel

Bemerke deutlich
wie meine Wunden heilen,
Narbenmuster bleibt.

Scheußliche Farben,
trotzdem Dank sei dem Mantel,
der noch kratzig.

Gefühle kleben
am Saum der Erinnerung –
erregend, warm, weich.

Vom Glück nippen,
ich weiß nicht mehr, wie du schmeckst.
Köstliches Getränk.
Ich weiß nicht mehr, wie du riechst,
ich weiß nicht mehr, wer du bist.

Rosen

Rosen in pinkgelb
schlafen auf meinem Glastisch
so schön immer noch

Rosen gelb und weiß
trinken aus gläsernem Krug
Schluck für Schluck für Schluck

Rosen in orange
ein Geburtstagsrosenstrauß
bunt, stolz, fast schon welk

Rosen in blutrot
erinnern, dass du wieder
kein Glück gewünscht hast

Wortlos

Ich höre Wörter
überall um mich herum.
Sie tanzen, fliegen.

Erklären Bilder
die Farben, Formen, den Sinn
präzise, genau.

Beschreiben Dinge
rund und eckig, leicht und schwer,
wortreich, bunt, passend.

Vielfalt der Sprache,
sammle Wörter und Sätze.
Hüte den Schatz.

Versuche Gefühle
zu beschreiben, zu erklär'n
mit deinem Reichtum.

Empfindungen sind
Pfeile in deinem Herzen,
stehlen die Worte.

Sie reichen nicht aus.
Brennen auf der Seele,
können nicht fliehen.

Kein Zusammenspiel.
Zerfallen in deinem Mund,
wortlos

wenn Liebe erfriert.

Rauchwolken

Liebe entzündet
brennt Vernunft nieder
tötet dein Denken

Ihr Aroma vernebelt
deine Sinne, den Verstand
unhörbar, strahlend

Verbreitet ihr Gift
hinterlässt keine Asche
kein verbranntes Land

Tröpfelt in den Mund
gleitet mit Wärme hinein
verbrennt deine Haut

Mach die Ohren frei
nimm die rosa Brille ab
sieh das Wolkengrau

Laufe, renne schnell
über den Regenbogen
zur Realität

Unverpackt

Was ist los bei dir?
Worte sind wie Atemluft
gradheraus, zeitlos.

Angerichtet wie
bunter Salat mit Dressing.
Knackig, frisch, würzig

Den Gaumen kitzelnd
mit Fragen und Antworten
voll mit Poesie.

Keine Zeit übrig,
um Gedanken mit Worten
wohl zu erklär'n?

Zeit ist unverpackt,
jedoch zeigt sie präzise
meine Wichtigkeit.

Mann meiner Träume

Wie du mich anschaust
mit kleinen, hellen Augen,
lachend dein Blick.

Antwort auf Fragen?
Deine kleinen Nachrichten
erklären mir nichts.

Du weichst zur Seite,
lässt dich nicht mehr berühren,
zu nah war ich dir.

Hast aber bemerkt,
verschreckt, erstaunt, nicht Willens,
dass du geliebt wirst.

Mann meiner Träume,
was nur liebe ich an dir?
Mich, dich, mein Gefühl?

Ich

Schau in mein Gesicht!
Du siehst die Liebe darin,
die Liebe zu Dir.

Sie weckte mich auf,
war Nahrung und Treibstoff,
Motor für mein Tun.

War ganz voll mit ihr,
spie sie aus wie ein Vulkan,
glutrot wie Lava.

Veränderte mich,
lachte mehr und lebte mehr,
herrliches Gefühl.

Schwerelos im Wind,
tanzte wie ein Schmetterling
mit dem Sonnenschein.

Wirbel jetzt umher
purzelbaumschlagend, verwirrt
wie ein Blatt im Sturm.

Riss in der Seele,
getreten ohne Worte,
kann kaum noch atmen.

Stolz schimmert im Licht
ein Grashalm zwischen Steinen
kraftvoll, aufrecht, grün.

Er

Hat es einen Tag gegeben
an dem ich nicht an dich dachte?

Bin um die halbe Welt gereist,
habe exotische Kulturen erlebt,
fremde Küchen probiert,
unbekannte Gerüche geschnuppert,
in dunkle Gesichter geschaut,
Raubtiere in freier Wildbahn gesehen.

Egal wie weit ich weg bin,
gleichgültig, was ich erlebe,
vollkommen unwichtig, wo ich mich aufhalte.
Es hat schon ein paar Stunden gegeben,
in denen ich nicht an dich dachte.

Lass mich in meinen Träumen in Ruh!
Hau ab aus meinen Gedanken!
Verschwinde aus meinen Sinnen!

Ich will mich nicht mehr sehnen!
Ich will dich nicht mehr riechen wollen!
Ich will dich nicht mehr schmecken wollen!
Ich will nichts mehr für dich fühlen!

Ich will dich vergessen,
aber ganz tief in mir
als herrliche Erinnerung behalten.

Kaum Zeit

Hast kaum Zeit zur Zeit
für uns, für dich und für mich,
hundertmal gehört.

Aber wenn einmal
sich ein Stückchen Zeit verirrt,
unvorhergeseh'n,

irgendwann bei Nacht,
irgendwie eines Tages,
irgendwo vielleicht,

dann könnten wir uns
sehen, fühlen, berühren,
könnten gemeinsam

lachen und weinen.
Bist zeitlos, hast stets
fürchterlich viel zu tun.

Facetten der Liebe

Schwerelos, strahlend
birgt das Blau des Himmels,
sie wird zum Himmel.

Duftendes Rosenrot,
einzigartiges Aroma
stolze, schlanke Rose.

Tröpfelt die Kehle hinab
wie Tautropfen auf frischem Grün,
Farbprisma im Sonnenlicht.

Rüttelt und peitscht
wie Sturmwind im Winter,
sie wird zum Orkan.

Leuchtet wie Feuer
Gefühlswälder niederbrennend,
entfacht Seelenbrände.

Zeigt sich formenreich,
Wanderdünen der Wüste,
sie wird zur Wüste.

Liebe ist leise

Liebe ist leise,
schön wie Tautropfen im Licht,
unvergleichlich bunt.

Liebe ist leise,
breitet ihre Flügel aus,
berührt dich ganz sanft.

Liebe ist leise,
komponiert tonlos Musik,
unüberhörbar.

Liebe ist leise,
lässt die Welt schimmern wie Gold,
unverwechselbar.

Liebe ist leise,
tanzt wie Wolken am Himmel,
Blitz ohne Donner.

Liebe ist leise,
füllt den Körper mit Nahrung,
brauchst nicht zu kauen.

Liebe ist leise,
lautlose Spuren im Schnee,
unübersehbar.

Liebe ist leise,
rinnt rot die Kehle hinab,
wie köstlicher Wein.

Liebe ist leise,
weckt Verlangen durch Blicke,
braucht keine Worte.

Liebe ist leise,
Feuersturm der Gefühle,
malt warme Farben.

Liebe ist leise,
erobert den Geist,
entfacht deine Lust.

Liebe ist leise,
du kannst nicht mehr entrinnen,
hält dich gefangen.

Zeit

Warten auf Antwort
zäh breitet sich Stille aus
stumm ist sie Ruhe

Zu teuer

Ich habe gelernt
das Kostbare ist die Zeit –
zu teuer für mich

Silvester

Die Liebe zu dir
ein Silvesterfeuerwerk
zurück bleibt Asche

Geschenk

Ein Geschenk für mich
ich schaffe es nicht allein
dich auszupacken

Fisch

Wie ein Fisch an Land
krümmt sich der Gedankenbrei
nach Atem ringend

Feuer und Wasser

Lass uns tanzen –
ganz nackt im Regen.

Deine Hitze erweckt
das Lodern in meinen Augen,
entzündet die Lava meiner Leidenschaft,
entfacht das Fieber des Verlangens.

Deine Berührungen –
wie tosende Wasserfälle in meinen Ohren.
Du bist die Quelle,
die meine Sehnsucht stillt.

Du bist der Stein,
der auf meinem Wasser hüpft.

Duftende Worte

Ich möchte den Duft
mit den Händen aufschöpfen
so schön die Worte

Mag sie aufhängen
wie Wäsche auf die Leine
still flatternd im Wind

Farbenfroh und wild
wie Blüten auf den Wiesen
wohlriechend und bunt

Wassertropfengleich
rinnen sie wie Sonnenschein
die Kehle hinab

Ich fühle mich wohl
rufen sie mir lautstark zu
in deinem Herzen

Momente

Einen Moment Zeit
zwischen Alltag und Sonntag
zum Worte schenken

Einen Moment Zeit
zwischen Tagen und Nächten
zum Blicke tauschen

Einen Moment Zeit
zwischen Wochen und Tagen
zum Hände streicheln

Einen Moment Zeit
zwischen Feier- und Werktag
zum Lippen schmecken

Einen Moment Zeit
zwischen Minuten und Stunden
zum Liebe machen.

Unverkäuflich

Erkunde die Welt
lachend, neugierig, hungrig.
Liebe ist Leben.

Wertvolle Schätze:
ein Wort, ein Blick, ein Lächeln
sind unverkäuflich.

Das Leben ist schön!
In der Unvollständigkeit
liegt die Perfektion.

Verliebt

Bin explodiert –
aus gelbem Mais wird Popcorn.

Rase in einem Sportwagen –
es fehlen Räder und Benzin

Fliege hoch –
ohne Flügel und Fallschirm

Tanze auf den Straßen –
keine Musik zum Regen.

Hab' mich verirrt im tiefen Wald der Gefühle –
vergaß mein Navi einzuschalten.

Ich bin verliebt!

Ungezogen

Liebe klopft nicht an.
Wie ein ungezogenes
Kind stürmt sie hinein.

Erzeugt Verwirrung,
versetzt dich in Erstaunen,
rennt dich einfach um.

Du kannst nichts ändern.
Sollst es geschehen lassen –
weicher, warmer Fall.

Genieße Umarmung!
Träume, schwelge und jauchze!
Koste den Moment!

Tagtraum

Meine Tagträume
sie entführen mich in dich
körperlos, sprachlos.
Ich bin geistig gar nicht da,
merke gar nicht, wo ich bin.

Blau

Blaues Augenpaar
strahlt ihn an, liebkost ihn.
Blaue Gedanken

Blickt in den Spiegel,
sieht das Blau ihrer Augen,
ganz türkisblau

Warum sind Tränen
aus blauen Augen nicht blau,
wie das blaue Meer?

Sie verschmilzt lautlos
mit dem Blau ihrer Augen,
wird selbst blaues Meer.

Undurchsichtig,
kann das Blau ihrer Augen
nicht mehr blau sehen.

Du und ich

Blick' in den Spiegel,
blaue Augen seh'n mich an,
vollrote Lippen.

Schau erneut hinein,
Fältchen um die Augen,
Furchen auf der Stirn.

Mein Herz klopft im Hals,
Haar reicht bis zum Bauchnabel,
verschnürte Kehle.

Beine wie Gummi.
Wo bleibt die Luft zum Atmen,
was hält mich aufrecht?

Unendliche Freude,
das wunderbare Gefühl,
wenn du mich erwartest.

Trotzdem

Habe Dich geliebt.
So sehr, dass es schmerzte
im Herzbauchhalskopf.

Bin fast ertrunken
im herrlich heißen Treibsand
vor lauter Liebe.

Immer gewartet,
Dir alle Worte geglaubt.
Wolke mit Aussicht.

Umhüllt von Nebel,
undurchdringlich, weiß glitzernd.
Jedoch hart und kalt.

Baust eine Mauer
mit geschlossenen Toren.
Schlüssel verloren.

Wird ewig dauern,
Monate, Jahre vielleicht,
trotzdem lieb' ich Dich.

Reisegepäck

Manchmal fiel es ihr schwer,
zuweilen machte es sie stolz,
ab und an war es auch falsch
glücklicherweise nicht so häufig.

Immer aus dem Bauch heraus.
Allein sein macht unabhängig,
allein entscheiden selbstständig.

Sie hatte gelernt, allein zu genießen,
hatte sich Freiräume geschaffen
in ihrer eigentlich zu engen Welt.
Bis zu dem Moment als sie ihn wiedertraf.

Sie entfloh für einige Stunden
aus ihrer kleinen Welt,
konnte eine große weite Welt fühlen,
öffnete all' ihre Sinne.

Es roch und schmeckte
anders- aufregend, fremd, exotisch.
Es gesellte sich Stundenglück dazu,
dazwischen aber lag Einsamkeit.

Einsam ist anders als allein.
Einsamkeit zerstörte die traute Zweisamkeit
mit dem Alleinsein.

Sie weckte augenblicklich den Wunsch
sich unter Menschen zu begeben.
Je mehr desto schöner, je lauter um so besser,
um für wenige Stunden der Einsamkeit zu entflieh'n.

Diese Zeit reichte nicht aus,
war zu kurz, um ihr zu entkommen.
Sie packte ihren Koffer, um weit weg zu fahren,
zu fliegen, zu laufen, um ihr zu entrinnen.

Wollte sie abladen auf die breiten Rücken der Elefanten,
sie auskippen in die Ozeane dieser Welt,
wollte sie verbrennen in den immernoch heißen Kratern
dieser Erde,
die sie unsicheren Schrittes
und mit leichtem Schwindel ganz oben umrundete.
Sie wollte sie hinausbrüllen in die schier endlosen
Wüsten dieses Planeten.

Doch zu Hause angekommen
findet sie sie immer wieder im Gepäck.
Es würde nicht helfen, den Koffer zu verbrennen.

Gedankensturzflug

Gedanken
sie erdrücken mich
zerstören Illusionen
lebe wie ein Fisch,
der schon gefangen
verzweifelt im Netz zappelt
um Atem ringend,
obwohl die Luft schon
die letzte Lebensregung
aus ihm heraussaugt.

Gedanken
sie fressen mich auf,
verbrennen Lebensfreude,
fühle wie ein Huhn,
das schon geschlachtet
mit ausgebreiteten Flügeln
zum Sturzflug ansetzt,
obwohl das Blut
die letzten Züge Leben
im Hals erstickt.

Wieviel Meter noch?

Verstand bewegt sich,
wenn auch nur Millimeter
angefüllt mit Scham.

Der Körper regt sich
erdrückt unter der Gefühlslast
schon Zentimeter.

Enthusiasmus,
Tatendrang und Lebenskraft
stolpern Schritt vor Schritt.

Gebrochenes Herz
wie ein Schuh am falschen Fuß
leidet, als wären es Meilen.

Eine Tasse Herzklopfen

Zufallsbegegnung
Du siehst mir in die Augen
sie strahlen dich an

Zärtliches Lächeln
meine Blicke liebkosen
üppige Formen

Schon ist es vorbei
messerscharf schneidet der Wind
Die Luft summt lüstern

Ich schließe meine Augen –
bin dir wieder ganz nah

Nie siehst du Tränen
hast nie mein Weinen geseh'n
bist immer so fern

Novemberkind

Rüde Herbststürme
rappeln an Tür und Fenster
in kahlen Straßen.

Nackte Baumkronen
in kalte Nebel gehüllt
verneigen sich.

Regen peitscht eiskalt
in mürrische Gesichter,
Schirm knickt einfach um.

Kraftlose Sonne,
die letzten Blüten liegen
erschöpft am Boden.

Zünde Kerzen an,
heiz dem Kamin kräftig ein,
liebe mich zartwarm.

Ja

Du schenktest mir Glück,
hast meine Welt bereichert,
atemloser Rausch.

Wieder den Verstand
hab' ich mich betrunken an dir,
immer voll Genuss.

Ließest mich hungern
Wochen, Monate, Jahre
Mann meiner Träume.

Du hast mich verletzt
mit ungesagten Worten
wie niemand zuvor.

Würd' ich wieder
an die Versprechen glauben?
Ja, so liebe ich.

Verliebtheit

Wenn ich verliebt bin, streichelt mich dein Lächeln,
meine Blicke liebkosen dich,
unsere Gedanken umarmen sich,
deine Augen sprechen zu mir,
meine Ohren suchen deine Worte,
Töne tragen uns davon,
unsere Düfte berühren sich, verschmelzen,
Fingerspitzen kosten zärtlich und fest zugleich.

Schaumkronen

Wenn ich dich sehe
wie Schaumkronen auf dem Meer
so fühlt es sich an

Zeichnung

Zeichnest ein Lachen
ohne Stift in mein Gesicht
vollende das Bild

Pfützenküsse

Dein lachender Mund
in gekräuselten Ringen
küsst alle Pfützen

Regenbogenfarben

Wenn der Regen fällt
fühl' ich dich in den Farben
des Regenbogens

Erdbeermund

Sommersonne malt
ein Lachen in mein Gesicht
Roter Erdbeermund

Liebe es sehr

Bin wie elektrisiert
die Luft knistert, Hochspannung,
wenn du mich berührst.

Ich liebe es sehr
von dir geküsst zu werden,
du meine Liebe trinkst.

Feucht nach deinem Blick,
wenn deine Hände zärtlich
über Haut gleiten.

Wenn deine Nase
sich meinem Wald nähert,
die Zunge eintaucht.

Ich Knospen dieser
in meinem Innersten spüre,
fest und weich zugleich.

Ich will mehr, viel mehr.
Will deine Stärke spüren
von vorn, von hinten.

Von allen Seiten.
Das verbleibende Gefühl
trägt mich durch die Zeit.

Zum Sonnenaufgang
und auch nachts, wenn Dunkelheit
an meiner Haut leckt.

Alles fein?

Alles wäre schön
könnt ich mich freuen,
dich wieder zu seh'n.

Vieles wäre einfach,
könnt ich d'ran denken,
wie mir dein Kuss schmeckt.

Einiges wär' leicht,
könnt ich dir Wörter zuruf'n
und nicht nur schreiben.

Meine Welt wäre bunt,
könnt' ich deine Augen schau'n,
deine Haut spüren.

Es wäre perfekt
in deinem Schoß zu sitzen,
deinen Atem trinkend.

Antwort auf deine SMS

Wenn du Lust verspürst,
Lust auf Lecken und Schmecken,
du brauchst nicht sehr viel
mir Töne zu entlocken,
und schon trägt uns die Musik.

Das Meer und ich

Augen so hellblau
wie der Himmel und das Meer,
Sonnenstrahlen gleich.

Haselnussbraune
Haut umhüllt den weißen Kern
ganz weich, ganz samtig.

Mit diesem Kostüm
dich fühlen, schmecken, riechen –
Salzschweiß in der Luft.

Tropfen um Tropfen
baut sich der Wellenturm auf,
lautstark zerfließt er.

Mit der weißen Gischt
stranden Muschelschalen bunt
und voll, wie auch ich.

Harfenspiel

Sanfte Berührung,
Sinfonie der Gefühle,
bewegter Moment

Lippen berühren
meinen Mund weich und hitzig,
kehlige Laute.

Deine Hand entlockt
meinem Körper Begehren.
Bin freudig erregt.

Wie ein Harfenist
mit Hingabe und Nachdruck
streichst du die Saiten.

Spielst meinen Körper,
immer wieder und wieder,
wie ein Instrument.

Streifst kraftvoll durchs Haar.
Meine Hände in deinen,
dem Gipfel nahe.

Kuss

Funkelnd versinken
unsere Augenpaare
fordernd, sehnsuchtsvoll.
Verschmelzen miteinander,
lachen lautlos zusammen.

Dein Kinn zittert, bebt.
Nasenspitzen erforschen
Gesichter ganz sacht.
Wir können Atem spüren,
warmer intensiver Hauch.

Unsere Lippen
berühren sich weit offen.
Mein Körper fühlt
glühend vor Begierde
gierig den Himmel trinkend.

SMS

Tiefrote Lippen
ich möchte tief eintauchen
in ganz dunkle Scham
den Horizont umkreisen
den Himmel feuchtwarm atmen

Weil ich dich liebe

Köstlichkeit, Genuss
habe Essen vergessen
weil ich dich liebe

Strahlende Augen
umarmen mein Spiegelbild
weil ich dich liebe

Ganz heiße Wangen
glühen rot vor Erregung
weil ich dich liebe

Glänzende Lippen
schmecken, lecken in Gedanken
weil ich dich liebe

Tausende Worte
gewogen, erwürgt, verschluckt
weil ich dich liebe?

Zärtliche Hände
streicheln mich voll Erwartung
weil ich mich liebe!

Sommernacht

Heiße Sommernacht
nasse Körper wälzen sich
im Schweiß so köstlich

Wassertropfen

Wassertropfengleich
war dein inniger Kuss
ließ Liebe keimen

Liebkosung

Liebkose den Mann
atme und koste ihn ganz
mach dich satt mit ihm

Scham

Schwarz ist deine Scham
dunkelrot deine Lippen
feucht und heiß dein Schoß

Mund

Sinnliche Lippen
noch nie einen schöneren
Mund zärtlich geküsst

Nähe

Mag deine Nähe
unstillbares Verlangen
fließt dir entgegen

Liebe ist...

Es ist nicht einfach
mit Worten zu erklären,
wie sie sich anfühlt.

Mir fehlen Silben,
alle Buchstaben zu klein,
Sätze nichtssagend.

Eine Litfaßsäule
von der Erde zur Sonne
um den Mond und zurück.

Das wäre perfekt –
als Schreibfeder einen Quast
Fässer voller Farbe

Langsam nach oben
immer im Kreis rund und rund
wie ein Wirbelwind

Fast ganz schwerelos
so leicht wie eine Feder
taumelnd aufwärts

Sie ist Glut der Sonne
Zärtlichkeit weißer Wolken auf Blau
Sanftheit des Mondlichts